Crónica del 68 mexicano

Héctor Gabriel Legorreta Cantera

Crónica del 68 mexicano

Héctor Gabriel Legorreta Cantera

xhglc
Publicaciones Editoriales

Crónica del 68 mexicano

Héctor Gabriel Legorreta Cantera

Edición de tapa blanda
Primera Edición, México: Septiembre de 2017
ISBN: 9781549713453

XHGLC
http://www.xhglc.org.mx/
libros@xhglc.org.mx

Contenido

1968 (Nombrado por la ONU Año Internacional de los Derechos Humanos)

El caos no es sino la gestión de un nuevo orden. 1968 podría describirse como un año caótico. La avanzada como casi siempre fue marcada por la juventud, una que no sólo no sería igual que las juventudes anteriores sino que ya en su madurez podría ser llamada la madre de un mundo absolutamente diferente al que le había tocado vivir, un mundo que estaba en duermevela mientras los cimientos de su nueva sociedad eran afianzados por los más convulsionados.

En el primer lustro de este decenio el régimen comunista de Cuba implantado por Fidel Castro y el Che Guevara, entre otros, inclinó la política de su país hacia la URSS, de la cual pasó a ser un incondicional aliado en detrimento de los intereses geoestratégicos de EEUU. La situación tuvo su punto más dramático en la "Crisis de los misiles de 1962" que llevó a la humanidad a estar más cerca que nunca de una tercera guerra mundial, pero que pudo evitarse gracias a la voluntad de Nikita Kruschov y John F. Kennedy. Cuba se convirtió entonces en ejemplo a seguir por los países latinoamericanos, y a condenar por potencias económicas con políticas contrarias a los rusos y a los cubanos en todo el orbe.

Este decenio trajo consigo el inicio de la guerra de Vietnam, cuyas consecuencias socioculturales directas aún se sienten actualmente. Los veteranos de Vietnam son casi una clase aparte dentro de la sociedad norteamericana, sin mencionar las constantes masacres públicas en las cuales se han visto involucrados tales personajes y que son una muestra más del deterioro de Estados Unidos de América.

1968 es un parteaguas en la historia reciente de la humanidad, y representa el comienzo de una nueva visión de la vida no sólo en México, sino en todo el mundo. Prueba de ello es la cantidad de acontecimientos clave que se generaron durante éste año.

Contexto mundial

Enero 5, Checoslovaquia. Comienza la Primavera de Praga.

Marzo 16, Guerra de Vietnam. Masacre de My Lay, en la que tropas estadounidenses matan a centenares de civiles.

Abril 4, USA. Martin Luther King es asesinado.

Mayo, Francia. Revolución Universitaria y posterior huelga general (Mayo Francés).

Junio 5, USA. Un palestino dispara contra Robert F. Kennedy que muere al día siguiente.

Junio 29, Vaticano. El Papa Paulo VI anuncia la encíclica Humanae Vita, en la que condena el uso de los anticonceptivos.

Agosto 20, Checoslovaquia. 200 mil soldados del Pacto de Varsovia y 5 mil tanques invaden Checoslovaquia para poner fin a la Primavera de Praga.

Octubre 2, México. En el D.F. la policía y el ejército (con apoyo de la CIA estadounidense) asesinan a varios centenares de estudiantes.

Octubre 12, México. Se inauguran en la Cd. de México los Juegos de la XIX Olimpiada.

Noviembre 5, USA. El candidato republicano Richard Nixon gana las elecciones presidenciales.

Prefacio a la edición de 2006

El movimiento de 1968 fue el inicio del proceso democrático en México. No podríamos pensar en la reforma electoral de 1977, cuando el Partido Comunista Mexicano obtuvo su registro ante la Comisión Federal Electoral, entonces dependiente de la Secretaría de Gobernación, sin el 68. No podríamos tampoco pensar en la movilización ciudadana popular en torno a una candidatura que aglutinó a todas las fuerzas de izquierda imperantes en el país, como fue la que protagonizó el ing. Cuauhtémoc Cárdenas, que ganó legítimamente en las urnas en 1988 y a quien le fue arrebatado el triunfo por la vía del fraude electoral, no sólo al Frente Democrático Nacional que él encabezaba, sino propiamente al Pueblo de México.

Sin el 68, no se hubiera dado la reforma electoral de 1996, cuando el Instituto Federal Electoral adquirió su independencia, después de lo cual se dio la primer elección libre y democrática en el país en 1997, enmarcando el triunfo del mismo Cárdenas a la Jefatura de Gobierno del Distrito Federal, incluyendo la primer mayoría en la Cámara de Diputados para la oposición, cuando el último precedente de una elección no fraudulenta se dio en 1911 con el triunfo de Francisco I. Madero a la Presidencia de México.

Sin la contribución que tuvo el movimiento estudiantil a la sociedad y a la política mexicana, no se habrían dado los triunfos en diversas partes del país del PAN y PRD en elecciones a Gobernador, y mucho menos aún el triunfo, en el año 2000, de un candidato no emergido de las filas del Partido Revolucionario Institucional. El subcomandante Marcos, sin el 68, no hubiera podido realizar su "Caravana Zapatista" realizada en 2001, que exigía el cumplimiento de los Acuerdos de San Andrés Larráinzar.

Tampoco serían posibles las grandes movilizaciones hechas por la sociedad en torno a la ilegítima acusación a un gobernante de oposición, como fue el proceso de desafuero a Andrés Manuel López Obrador, hecha por millones de personas, y en el cual se dejaba entrever un comportamiento similar de la Presidencia de la República en torno a un enemigo político a vencer.

Sin los acontecimientos políticos de 1968, un partido de izquierda con un Proyecto Alternativo de Nación no tendría la oportunidad, hoy por hoy, de ganar la Presidencia de la República, sino siquiera pelear por conseguirlo.

El movimiento estudiantil de 1968 representa el cambio de la sociedad mexicana, en una sociedad más democrática, más justa y, sobre todo, más libre. Sin el 68, la sociedad mexicana seguiría siendo una sociedad donde el presidencialismo gobernara sin importar las mayorías, y donde el Partido de Estado seguiría carcomiendo al país con su injusticia, su corrupción y su hambre de poder.

Héctor G. Legorreta
Pachuca de Soto, Hidalgo, 11 de marzo de 2006

Prefacio a la edición de 2008

"Tarde que temprano, nuestro movimiento va a triunfar"

"Vamos a rescatar a México como se pueda, con lo que se pueda, y hasta donde se pueda"

Andrés Manuel López Obrador

El movimiento de 1968 fue el inicio de un proceso de cambio en México. No podríamos pensar en la reforma electoral de 1977, cuando el Partido Comunista Mexicano obtuvo su registro ante la Comisión Federal Electoral, entonces dependiente de la Secretaría de Gobernación, sin el 68. No podríamos tampoco pensar en la movilización ciudadana popular en torno a una candidatura que aglutinó a todas las fuerzas de izquierda imperantes en el país, como fue la que protagonizó el Ing. Cuauhtémoc Cárdenas, que ganó legítimamente en las urnas en 1988 y a quien le fue arrebatado el triunfo por la vía del fraude electoral, no sólo al Frente Democrático Nacional que él encabezaba, sino propiamente al Pueblo de México.

Sin el 68, no se hubiera dado la reforma electoral de 1996, cuando el Instituto Federal Electoral adquirió su independencia, después de lo cual se dio la primer elección libre y democrática en el país en 1997, enmarcando el triunfo del mismo Cárdenas a la Jefatura de Gobierno del Distrito Federal, incluyendo la primer mayoría en la Cámara de Diputados para la oposición, cuando el último precedente de una elección no fraudulenta se dio en 1911 con el triunfo de Francisco I. Madero a la Presidencia de México.

Sin la contribución que tuvo el movimiento estudiantil a la sociedad y a la política mexicana, no se habrían dado los triunfos en diversas partes del país del PAN y PRD en elecciones a Gobernador, y mucho menos aún el triunfo, en el año 2000, de un candidato no emergido de las filas del Partido Revolucionario Institucional. El subcomandante Marcos, sin el 68, no hubiera podido realizar su "Caravana Zapatista" realizada en 2001, que exigía el cumplimiento de los Acuerdos de San Andrés Larráinzar.

Tampoco serían posibles las grandes movilizaciones hechas por la sociedad en torno a la ilegítima acusación a un gobernante de oposición, como fue el proceso de desafuero a Andrés Manuel López Obrador, hecha por millones de personas, y en el cual se dejaba entrever un comportamiento similar de la Presidencia de la República en torno a un enemigo político a vencer.Sin los acontecimientos políticos de 1968, un partido de izquierda con un Proyecto Alternativo de Nación no hubiera tenido la oportunidad de ganar la Presidencia de la República, sino siquiera pelear por conseguirlo.

Sin embargo, y también paradójicamente, las mismas fuerzas que reprimieron el movimiento estudiantil de 1968 son las que arrebataron el triunfo legítimo de Andrés Manuel López Obrador en la elección presidencial de 2006, y son las mismas que ahora intentan acabar con todas las garantías constitucionales que tras años de lucha y sacrificio había ganado el Pueblo de México.

El radicalismo de las políticas neoliberales por parte de la clase gobernante ha puesto en peligro la soberanía nacional y que ahora buscan despojarnos de lo poco que nos queda.

La gran lección del movimiento estudiantil de 1968 no es otra cosa sino la distinción entre dos Méxicos que, como menciona Guillermo Bonfil Batalla, son distintos entre sí y buscan intereses distintos. Son las dos visiones de nación que, desde 1821, continúan discerniendo sobre la forma en la cual México debe conducirse, ya sea como una colonia o como una nación libre e independencia, con la grandeza que nos negó la conquista española.

El movimiento estudiantil de 1968 representa la voluntad de cambio de la sociedad mexicana, en una sociedad más democrática, más justa y, sobre todo, más libre. La Convención Nacional Democrática, encabezada por Andrés Manuel López Obrador, es heredera de esa lucha. Sin el 68, la sociedad mexicana seguiría siendo una sociedad donde el presidencialismo gobernara sin importar las mayorías, y donde el Partido de Estado seguiría carcomiendo al país con su injusticia, su corrupción y su hambre de poder. La lucha del movimiento estudiantil de 1968 está a punto de fructificar. Nuestra nación exige actualmente que se den los cambios políticos, económicos y sociales que, desde entonces, venía reivindicando el movimiento estudiantil.

VENCEREMOS.

Héctor G. Legorreta
Pachuca de Soto, Hidalgo, 1º de Junio de 2008.

Prefacio a la primera edición para eBook (2012)

Han pasado más de 6 años (casi 7) desde que la primera versión de ésta Crónica del 68 mexicano viera la luz por primera vez.

En un principio, fue concebida como un trabajo escolar para la materia de Taller de Lectura, Redacción e Iniciación a la Investigación Documental II (TELERIID), del CCH. Posteriormente (con algunas adecuaciones, actualizaciones y correcciones) fue vuelto a editar para un trabajo en la Universidad.

Ésta última es la mejor versión de éste trabajo de investigación, en el cual fueron utilizadas diversas fuentes, y una redacción acorde a las necesidades del lector.

También, esta nueva edición llega en un contexto sumamente difícil para el país, pues el Partido Revolucionario Institucional ha regresado a la Presidencia de la República, y el optimismo mostrado en el primer prefacio han desaparecido.

Enrique Peña Nieto, candidato del PRI, del duopolio Televisa-Azteca, la oligarquía, los organismos internacionales, las empresas trasnacionales, y los intereses geopolíticos, económicos y de recursos naturales, ha sido impuesto mediante el engaño, la manipulación, la coacción y la compra de las consciencias. Así, pareciera que la lucha que encabezaron aquellos jóvenes inmersos en el agitado 68 llegó a su fin. Pareciera que la fecha de caducidad del movimiento estudiantil de 1968 es el año 2012.

La pérdida de memoria histórica del Pueblo de México, pese a una nueva agitación estudiantil del movimiento #YoSoy132 que en pleno proceso electoral cambió el rumbo de la campaña electoral, no tuvo efecto: más de 5 millones de personas vendieron su voto a cambio de despensas, enseres domésticos, y otros materiales utilitarios que, actualmente, se encuentran en la basura, o en las casas de empeño.

Sin embargo, la osadía de los jóvenes al desafiar al candidato priísta tuvo sus consecuencias: un muerto y 67 detenidos fue el saldo de un enfrentamiento, en parte provocado por la infiltración de Halcones (al viejo estilo del 71), y en gran parte debido a una combinación de ira, rabia, frustración y desesperación por estar condenados a una vida llena de carencias y miseria, mientras unos pocos (que es la oligarquía de éste país, así como su régimen títere encabezado por Peña Nieto) disfrutan de todos los privilegios, siendo ellos los principales criminales beneficiados de la desfortuna del Pueblo.

Entre las fuerzas federales y las locales (por cierto, de un gobierno de "Izquierda") reprimieron a los manifestantes en una combinación de toletes, golpes, gases lacrimógenos y balas de goma, algo que tenía mucho que no se veía en México, y que parecerá la característica del nuevo gobierno, que mantiene las viejas prácticas de siempre.

La criminalización de la protesta, así como el terrorismo de Estado en contra de los gobernados, se ha hecho nuevamente patente, con mayor crudeza y violencia. La implantación de un régimen totalitario en México (tal y como está sucediendo en diversos lugares de Europa), aunado a la homogeneización de políticas implantadas (contrarreformas laborales, fiscales, educativas y del sector salud) que buscan la profundización del neoliberalismo a un punto de esclavitud y servidumbre legalizada, indican el grave riesgo en que actualmente se encuentran los derechos individuales, y que de no defenderse ahora pueden ser perdidos para siempre.

Así, una nueva revisión del 68 mexicano vale la pena en éstos momentos de turbiedad e inestabilidad. Vale la pena revisar el pasado para no cometer los errores del presente. Vale la pena, así mismo, que las nuevas generaciones se vean reflejadas en el espejo de 40 años atrás.

Necesitamos sacudir desde ya las consciencias. Espero que éste libro sirva para tal efecto.

Héctor G. Legorreta
Pachuca de Soto, Hidalgo, 16 de diciembre de 2012.

Prefacio a la primera edición impresa para tapa blanda (2017)

Han pasado más de 11 años desde que la primera versión de ésta Crónica del 68 mexicano viera la luz por primera vez, y casi 5 desde que fue lanzada al público en forma de e-book, por primera vez, en diciembre de 2012.

Pasó lo previsible: el régimen de Enrique Peña Nieto profundizó aún más el modelo económico neoliberal que se viene implementando en México desde mediados de los años 80's. No profundizaré en esto, pues espero que una futura publicación basada en una investigación de cerca de 2 años que hice de 2013 a 2015 vea la luz muy pronto, y entonces ahí pueda exponer, con mayor amplitud, este tema.

Lo cierto es que, aunque pasados 16 días del régimen de Enrique Peña Nieto en la Presidencia de la República (fecha en la que escribí el prefacio a la que fuera la versión más actual de este libro), veía que el neoliberalismo sería profundizado, no alcancé a ver los alcances que tendría esa misma profundización.

Por alguna razón que desconozco y que no puedo recordar[1], omití un hecho fundamental para que esta profundización del

---

[1] Quizá, porque en ese momento, me enfoqué en la dura y cruda represión que hubo el 1° de diciembre en contra de la toma de protesta de Peña afuera de la Cámara de Diputados.

neoliberalismo pasara sin problemas: la firma del Pacto por México por parte del PRI, del PAN y del PRD el 2 de diciembre de 2012.

Sin este hecho, no podemos explicar la aprobación del paquete de reformas estructurales que fueron aprobadas en el Congreso de la Unión, como la reforma fiscal, hacendaria, de telecomunicaciones y la energética, por mencionar solo algunas.

Sin embargo, durante este sexenio, hemos visto que el pragmatismo de la Izquierda electoral (encabezada por AMLO-MORENA, y representada hasta hace relativamente poco por el PRD) ha desdibujado, descompuesto y transmutado a la propia Izquierda, y en un momento dejamos de tener claridad respecto a su papel.

Por una parte, el PRD dejó de ser una opción de Izquierda tras la renuncia del propio Andrés Manuel López Obrador, y de dirigentes fundadores importantes como Cuauhtémoc Cárdenas, Marcelo Ebrard, Alejandro Encinas y, recientemente, Ifigenia Martínez. Pero no solamente la renuncia de estos referentes hacen que el PRD deje de ser una opción de Izquierda. Lo es también el pragmatismo por sobrevivir, que ocasiona la conformación de un Frente Amplio Opositor en conjunto con el PAN que, más que oposición al PRI, parecen oposición a López Obrador.

Por la otra parte, se encuentra la Izquierda representada por AMLO y MORENA. Al igual que los últimos 12 años, sigo pensando que Andrés Manuel López Obrador es, hoy por hoy, la mejor y única propuesta decente que existe para ganar la Presidencia de la

República, y cambiar el estado de cosas actual en el país, que se ha vuelto completamente de pesadilla.

Sin embargo, lo cierto también es que la apertura que ha tenido MORENA con ciertos sectores de tradición priísta o panista (como la lamentable incorporación de Esteban Moctezuma[2], Alfonso Durazo, Lino Korrodi, entre otros), o de permitir el oportunismo de personajes hasta hace poco perredistas y que incluso cuestionaban la formación de MORENA como partido político (como Aleida Alavez, Miguel Barbosa, Jesús Valencia, René Bejarano y Dolores Padierna, entre otros), lo que ha ocasionado que MORENA, pese a asumirse como un partido de Izquierda, no tenga en la práctica una definición política debido a la confluencia de actores y sectores totalmente opuestos entre sí.

A diferencia de la coyuntura actual, en 1968 si existía claridad en torno a los objetivos y metas del movimiento estudiantil y, sobre todo, existía la suficiente sobriedad para distinguir, a la perfección, quién era el adversario y el porqué.

Comparado con el Movimiento Estudiantil de 1968 desde cualquier enfoque, la Izquierda Mexicana del Siglo XXI le está quedando mucho a deber a la Izquierda Mexicana del Siglo XX.

Esta recomposición de fuerzas y sinergias sólo le sirven al PRI y la derecha, para recomponerse y retomar aire, mientras que al día

---

[2] Ex-Secretario de Gobernación de Ernesto Zedillo, acusado de ser omiso en las matanzas de Aguas Blancas y Acteal, y de promover la represión en contra del Movimiento Estudiantil de 1999-2000, que se oponía a la privatización de la UNAM.

de hoy, la Izquierda cada vez parece más dividida y, por momentos, con diferencias irreconciliables.

Gane o pierda Andrés Manuel López Obrador la elección presidencial de 2018, lo cierto es que en 2018 la Izquierda tendrá que recomponerse, mirarse hacia adentro, hacer autocrítica (la cual no quiere hacerse), y vislumbrar opciones diversas que, ya sea en el gobierno o fuera de él, permita que, al igual que los gobiernos de Izquierda que dominaron América Latina durante la década pasada, se logren las transformaciones necesarias que requiere este país, comenzando y teniendo como premisa fundamental, el cambio de modelo económico, poniendo fin a la pesadilla neoliberal que no ha logrado superar la crisis económica que comenzó hace poco más de 35 años, razón por la cual se implemento esta política económica.

Sin el cambio de modelo económico, no cambiará nada, llámese el gobernante como se llame.

Ojalá que la Izquierda actual (sobre todo, hecha gobierno) reivindique esos caídos durante el Movimiento Estudiantil de 1968. Sería la mejor forma de honrar a nuestros muertos a casi 50 años de distancia de este fatídico hecho de la Historia en México.

Ojalá así sea.

Héctor G. Legorreta
Pachuca de Soto, Hidalgo, 10 de septiembre de 2017.

Crónica del 68 mexicano

Héctor Gabriel Legorreta Cantera

Julio

Julio 22, Pleito estudiantil en la Ciudadela entre estudiantes de las vocacionales 2 y 5 y de la preparatoria particular "Isaac Ochoterena".

Julio 23, Los granaderos ocupan la vocacional 5 del Instituto Politécnico Nacional (IPN). Un estudiante herido.

Julio 24, Granaderos golpean a estudiantes y profesores en la vocacional 5.

Julio 25, Convoca la Federación Nacional de Estudiantes Técnicos (FNET), la Central de Estudiantes Democráticos (CNED), la Juventud Comunista (JC) y otras agrupaciones a la marcha del 26 de Julio de Salto del Agua al Hemiciclo a Juárez , en conmemoración del decimoquinto aniversario del asalto al cuartel Moncada en Cuba. El Departamento del Distrito Federal (DDF) autoriza la manifestación.

Julio 26, Marchas reprimidas al llegar al Zócalo a las 20:00, recibidos a macanazos y gases lacrimógenos al mando del general Raúl Mendiolea, Subjefe de la policía capitalina. Simultáneamente en San Ildefonso ocurre otra batalla entre granaderos y estudiantes de las preparatorias 2 y 3. Incendian un autobús a las 22:00. El Coronel Carlos Cueto Fernández, al mando de policías, granaderos y miembros de la Dirección de Tránsito, Servicios Especiales, Servicio Secreto (SS) y Policía Judicial, dotados de macanas, lanzallamas y otras armas sitian la preparatoria 3. Los estudiantes pernoctan en sus escuelas. El Partido Comunista (PC) es ocupado por la Dirección Federal de Seguridad (DFS) y el SS. 30 heridos.

Julio 27, *La policía no agrede; salvaguarda el orden* (Cueto). Asambleas en la UNAM y en el IPN. En una de ellas, la Escuela

Superior de Economía del IPN acordó parar y convocar a huelga general desde el lunes 29. El Comité de Lucha exige:

1. Desaparición de la FNET.

2. Expulsión de sus dirigentes y de pseudo estudiantes miembros del PRI y agentes del gobierno.

3. Desaparición de los cuerpos represivos.

El Dr. Alfonso Millán, Subdirector de la Dirección de Orientación de la UNAM y el lic. Eduardo Martínez, funcionario de la misma, fueron detenidos y golpeados cerca de la procuraduría por ocho agentes armados, y luego sometidos a interrogatorio. Más tarde fueron liberados. Gerardo Unzueta, Arturo Ortiz y otros miembros del PC fueron aprehendidos al llegar a sus oficinas de Mérida 186. Arnoldo Martínez Verdugo, secretario del PC declaró que los acontecimientos son provocación política.

Julio 28, Primeros consignados por los hechos del 26 de Julio. Hacia la 1:00, 200 porros intentan levantar las barricadas del centro y agreden a estudiantes que custodiaban la escuela. Fueron rechazados, pero lograron cortar la luz y saquear varias oficinas de la Dirección General de Preparatorias. Se amplía el pliego petitorio con:

1. Libertad inmediata de todos los detenidos.

2. Cese de la represión.

3. Respeto a organizaciones estudiantiles y agrupaciones democráticas.

4. Castigo a los jefes policíacos agresores y sus instigadores políticos.

5. Destitución de los Generales Cueto y Mendiolea.

6. Aclaración de hechos y fin de calumnias.

Delegados del IPN, la Normal y la Escuela de Agricultura de Chapingo, plantean la posibilidad de una huelga general en que se exija:

1. Disolver la FNET, la porra universitaria y el Movimiento Universitario de Renovadora Orientación (MURO).

2. Expulsar alumnos miembros de esas agrupaciones y del PRI.

3. Indemnizar heridos y familiares de los muertos.

4. Liberar detenidos.

5. Suprimir cuerpos represivos.

6. Derogar el delito de disolución social.

Según la Procuraduría General de la República (PGR) los líderes del PC y de la CNED acordaron protestar el día 26 contra la policía y enviar grupos de choque para provocar desórdenes y obligar a la policía a intervenir.

La Procuraduría General de Justicia del Distrito Federal (PGJDF) y la PGR consignan por daño en propiedad ajena, robo, lesiones, amenazas a la autoridad, secuestro, resistencia, pandillerismo y ataques a las vías generales de comunicación a trece mexicanos y tres extranjeros, a quienes se imputa además violación a la ley general de población. Quedan 43 detenidos en la jefatura. El Comité Central del PC niega una conjura para alterar el orden, y denuncia una ofensiva reaccionaria y macartista del gobierno y el FBI para acabar con la democracia. Demanda:

1. Identificar a los responsables de los sucesos del 26 de Julio.

2. Destituir a Cueto y Mendiolea.

3. Suprimir el cuerpo de granaderos.

4. Liberar de inmediato a todos los detenidos.

Condenan la agresión al PC la Central Campesina Independiente (CCI) y la Unión Nacional de Mujeres Mexicanas.

Julio 29, La policía afirma que no hay muertes por "disturbios estudiantiles". Federico de la O, estudiante de Comercio, "murió de hemorragia cerebral no traumática". La Preparatoria 1 para indefinidamente. Preparatoria 2 resuelve continuar clases. Vocacionales 2, 4 y 7 resuelven parar. En otras escuelas del IPN esperan 48 horas para que las autoridades respondan a las demandas. En la Escuela Superior de Economía del IPN y en Chapingo se colocan banderas de huelga. Alumnos de la

Preparatoria 7 bloquean Calzada de la Viga con autobuses y capturan dos policías a quienes liberan de inmediato. Dos carros de granaderos vigilan la vocacional 5; estudiantes de la vocacional 7 capturan y devuelven autobuses. A las 19:15 granaderos disuelven un mitin en el Zócalo. A las 21:00 hubo choques violentos entre granaderos y estudiantes de las preparatorias 1, 2 y 3. Intoxicados por gases lacrimógenos. A las 00:40 llega un batallón de infantería y dos secciones de paracaidistas al Zócalo. Los consignados rinden declaración preparatoria. En Villahermosa, Tabasco, una manifestación de apoyo a los estudiantes capitalinos fue disuelta con gases lacrimógenos. Muchos jóvenes golpeados. Se ignora el número de detenidos.

Julio 30, Soldados de la 1er. zona militar al mando del General José Hernández Toledo toman las preparatorias 1, 2, 3 y 5 de la UNAM a bordo de jeeps, camiones y tanques ligeros armados con bazucas y cañones de 101 mms. A bayoneta calada marchan sobre los estudiantes. De un bazucazo, los militares destruyen la centenaria puerta del Colegio de San Ildefonso. A las 2:45 la tropa llega a la vocacional 5 en la Ciudadela. Los jóvenes entonan el Himno Nacional y vitorean al presidente y al ejército tras lo cual el edificio es tomado con lujo de violencia. 125 detenidos. Ciudad Universitaria (CU) y las cercanías de las preparatorias 5 y 7 fueron fuertemente vigiladas por patrullas y granaderos. El saldo de los ataques policíacos es de 400 heridos y mil detenidos en los separos de la Policía Judicial (PJ) y de la jefatura de policía. A las 2:30 en el DDF se reúnen durante más de una hora periodistas, el secretario de gobernación, el regente y los procuradores de la república y del DF, donde el regente Alfonso Corona del Rosal afirma que los subversivos son los miembros del PC y reitera que no hay muertos. Luís Echeverría Álvarez, (LEA) secretario de gobernación, responsabiliza a la CNED. El rector Javier Barros Sierra protesta por la violación de la autonomía, izando a media asta la bandera nacional. Líderes de la FNET se reúnen con el regente y el secretario general del DDF. El presidente de la FNET entrega un pliego petitorio de seis puntos:

1. Destituir a los jefes de policía y granaderos, y a todos los responsables de las tropelías contra estudiantes.

2. Indemnizar a los estudiantes atacados por granaderos.

3. Regular la acción de estos.

4. Anular fichas de detenidos.

5. Liberar presos e informar sobre desaparecidos.

6. Desalojar escuelas ocupadas por policías y ejército.

Agosto

El mes inicia con la mayor muestra de dignidad universitaria
que se ha dado en la historia contemporánea de la UNAM: la

marcha por el respeto a la autonomía y la legalidad de la máxima casa de estudios encabezada por el único rector que se ha asumido como universitario antes que como autoridad, Javier Barros Sierra, con lo que da ejemplo no sólo para los alumnos sino para los catedráticos y el personal de la institución en general. Contrasta por demás con la "mano tendida" de Gustavo Díaz Ordaz, muestra de su displicencia y ceguera social. Esa mano tendida podría interpretarse no como una conciliación, sino como una palmada tolerante a la minoría de edad en que consideraba que se encontraba la comunidad universitaria, como una bofetada que pretende sacar de un espasmo de histeria para que al recuperar la cordura se restableciera también la parálisis del colectivo, lo que de facto, le daría la razón a su estrategia represora.

Para algunos sectores de la sociedad, la presencia del rector hace "oficialista" la marcha. El estudiantado manifiesta que el movimiento no es anárquico de ninguna manera, antes bien, ha pretendido basarse en los principios científicos del socialismo. Una forma más de negarle autenticidad a las demandas de los jóvenes es diciendo que están llenos de infiltrados promotores de la revolución cubana, prácticamente enviados directos de Fidel Castro, con el fin de llegar a Estados Unidos de Norteamérica a través del territorio mexicano.

Para el 4 de agosto, aparece ya de forma concreta el pliego petitorio de los seis puntos que resume la inconformidad del movimiento:

1.   Libertad a los presos políticos.

2.   Destitución de los generales Luís Cueto Ramírez y Raúl Mendiolea Jefe y Subjefe de la Policía capitalina, así como del teniente coronel Armando Frías, comandante de los granaderos.

3.   Extinción del Cuerpo de Granaderos, instrumento directo en la represión y no creación de cuerpos semejantes.

4.   Derogación de los artículos 145 y 145bis del Código Penal Federal (que tipifican el delito de disolución social), instrumentos jurídicos de la agresión a quien manifieste puntos de vista políticos discrepantes de los oficiales.

5.   Indemnización a las familias de los muertos y a los heridos víctimas de la agresión desde el viernes 26 de julio.

6.   Deslinde de responsabilidades de los actos de represión y vandalismo por parte de las autoridades a través de la policía, granaderos y ejército.

Como parte de la difusión de estas peticiones, se forman brigadas en las que a través de volantes, escenificaciones relámpago de situaciones ya ocurridas o discursos, se hace partícipe a la sociedad en general de la situación actual de los jóvenes. Estos mítines rápidos son uno de los mecanismos más efectivos de identificación que persisten hasta hoy.

Los medios de comunicación hacen una exhaustiva labor de desinformación, tachando a los jóvenes con toda clase de adjetivos peyorativos y el sindicalismo charro se convirtió en un oponente común.

Raúl Álvarez Garín integrante del movimiento por la Escuela Superior de Físico-Matemáticas señala casi como una visión futurista "la educación se aristocratizó". En esta sencilla frase, aparece el fondo del movimiento estudiantil, el que aparece más o menos regularmente en cada huelga escolar: hace mucho que la educación quiere ser convertida por el poder en un privilegio no más en un derecho, pues es cierto que un pueblo ignorante es un obediente, al que se coloniza sin violencia.

A pesar de los esfuerzos a través de diferentes medios de deslindar el movimiento de la sociedad y al contrario, enfrentarlo con las clases media y baja del país, el efecto es al revés: la gente se identifica con ellos y los apoya en la medida de sus posibilidades y entendimiento. Para el 8 de agosto, se presenta formalmente el CNH (Consejo Nacional de Huelga) con la adhesión de padres, escuelas de todo el país y los maestros quienes incluso fundan la Coalición de Maestros de Enseñanza Media y Superior del País Pro-libertades democráticas.

Un grupo más da muestras de su solidaridad e interés por los jóvenes: la comunidad artística.

Se lleva a cabo la marcha del 13 de agosto, del Casco de Santo Tomás al Zócalo, con un impecable desarrollo a lo largo de sus impresionantes cinco kilómetros, dando los participantes una muestra de su organización. El motivo primordial de ella fue difundir los seis puntos del Pliego Petitorio del CNH, aunque hubo manifestaciones también del repudio a las organizaciones de trabajadores que no respetaban a sus supuestos agremiados y cuestionamientos hacia el manejo que el gobierno hacía de instituciones como las Fuerzas Armadas y la propia Constitución Política de los Estados Unidos Mexicanos, tantas veces en estas fechas asaltada y vituperada por quienes se supone son sus máximos guardas. Para esta fecha, la FNET es un organismo casi desaparecido, que boquea haciendo cuestionamientos inadecuados al movimiento.

El Consejo Universitario abraza como propios los puntos del Pliego Petitorio del CNH. El CNH a su vez empieza a solicitar un diálogo público con el gobierno, partiendo de un debate que se llevaría a cabo con diputados en la explanada de Rectoría en Ciudad Universitaria.

La alianza estudiantil alcanza a la Universidad Iberoamericana, que ve estallar la huelga en sus escuelas de Antropología, Ciencias Políticas, Sociología, Comercio y Diseño en solidaridad con el IPN y la UNAM.

El regente Corona del Rosal pretende establecer un diálogo con el movimiento, juego al que responde la FNET nombrando de entre sus filas a los comisionados al encuentro. El CNH formaliza el ya notable rompimiento con la FNET, haciendo público su desconocimiento de dicha organización y nombrándose como el único organismo representativo del estudiantado.

El 20 de agosto, en respuesta a la invitación de la Coalición de Maestros se realiza un debate, al que se había invitado a diputados y senadores del D. F., mismos que no participaron, sin embargo si acudieron el CNH, la Asociación de Padres de Estudiantes del IPN, de la Unión Cívica de Padres de Familia de la UNAM y de las Juventudes Panistas.

A la vez que el movimiento sigue sumando simpatías, aparecen también detractores, encontrándose entre los más enconados, el Sindicato Nacional de Trabajadores de la Educación (SNTE), animadversión que parece confirmar que los jóvenes han ido más allá de protestar contra la represión: se está cuestionando severamente al sistema educativo, desde sus planes de estudio hasta las organizaciones que dicen representar a sus participantes. Se ha puesto en tela de juicio desde entonces toda la organización magisterial.

Por primera vez en una mesa redonda televisada Iñigo Labiada, Ifigenia Martínez, Heberto Castillo, Víctor Flores Olea y Francisco López Cámara, aunque sea de manera general, abordan la manifestación estudiantil.

El CNH y la Coalición de Maestros siguen acreditándose como los únicos representantes del movimiento y conminan nuevamente al diálogo público. A través del secretario de Gobernación Luís Echeverría Álvarez, el gobierno empieza a "coquetear" con la aceptación de tal interlocución. Se habla del propio Echeverría, de Agustín Yáñez secretario de Educación, del regente del D. F., del Procurador General de la República Julio Sánchez Vargas y del Procurador General del Distrito y Territorios Federales Gilberto Suárez Torres como los interlocutores. El CNH a su vez empieza a pensar en sus delegados al diálogo. El movimiento recibe una carta de Demetrio Vallejo desde la cárcel, preso político en huelga de hambre desde principios de agosto, quien se identifica con los estudiantes en su represión por sus ideas y compromisos.

El 27 de agosto se realiza una nueva manifestación, partiendo ahora del Museo de Antropología con el Zócalo como destino. Al arribo al corazón del país, los estudiantes hacen suyas las campanas de la Catedral Metropolitana y las echan al vuelo. Entre los contingentes ahora también pueden identificarse trabajadores del Instituto Mexicano del Petróleo, la fábrica de loza El Ánfora, así como otros grupos de obreros y campesinos. La bandera rojinegra de huelga fue arriada en el asta del Zócalo y se establecieron alrededor de hogueras algunos manifestantes que decidieron pasar la noche en la plaza.

Durante la madrugada fueron desalojados de manera violenta acusados de violar el artículo 9 Constitucional. Con este argumento de ilegalidad intervinieron militares, granaderos, miembros de los guardias presidenciales; todos como uno sólo para lanzar al movimiento. Azorados los que acampaban entonaron el Himno Nacional, y mayor fue su sorpresa cuando ninguno de aquellos que se supone respetan como nadie el canto que representa al país, no se detuvo, sino al contrario, con más ardor arremetieron contra ellos. La persecución se prolongó a lo largo de varias horas y calles, hasta que a las 6:00 hrs. el desalojo se había concretado y sobre el Zócalo no había sino vehículos del ejército y miembros del departamento de Limpia que se encargaban de borrar toda huella de aquella manifestación.

Con la participación de los burócratas del D. D. F., se pretendió llevar a cabo un "desagravio" a la bandera, por el izamiento de la bandera de huelga que se convirtió en una afrenta para el gobierno. Quiso la suerte que durante esta farsa el mecanismo de arriado se atorara, con lo que la bandera quedó a media asta. Hasta las 15:30 hrs. de ese día, tuvieron diferentes accesos a la Plaza los soldados y granaderos para volver a desalojar a los nuevos manifestantes. Fueron los bomberos quienes desatoraron la bandera y la izaron al asta completa. Digna de recordarse fue también la actitud de los empleados de gobierno que participaron en el "desagravio", pues de viva voz evidenciaron lo que ya se sabía "¡Bee, somos borregos a los que trajeron!".

El resto del día se desarrolló con incidentes de represión violenta que derivaron en la detención de Salvador Martínez de la Roca (*El Pino*) y una golpiza recibida por Heberto Castillo, de la Coalición de Maestros a las puertas de su casa.

La represión al movimiento y la mala estrategia gubernamental trascienden el ámbito universitario y laboral y empiezan a mostrarse en rumores y acciones irracionales entre la población civil: empiezan a hacerse compras de pánico en tiendas y gasolineras y se habla de un estado de sitio. Heberto Castillo valientemente relata en cintas de audio la violencia física de que ha sido objeto y resume en su persona la realidad de todo el movimiento: "yo no tengo más armas que las ideas". Esta llana declaración hace más obvia la desesperación del gobierno por meter en cintura a una población llena de preguntas, expectativas y anhelos.

Septiembre

El 1° de septiembre Gustavo Díaz Ordaz, en el mensaje político correspondiente al 4° Informe de Gobierno, subrayó enfáticamente que "se ha llegado al libertinaje en todos los medios de expresión y difusión; se han disfrutado amplísimas libertades y garantías para hacer manifestaciones, ordenadas pero contrarias al texto expreso del artículo 9° constitucional; hemos sido tolerantes hasta excesos criticados; pero todo tiene un límite y no podemos permitir que se siga quebrantando el orden jurídico, como ha venido sucediendo", tras lo cual dejo entrever una represión severa contra el movimiento estudiantil, al afirmar que "la policía (…) debe intervenir en todos los casos necesarios; proceder con prudencia, si, pero con la debida energía. Las autoridades, siempre que sea preciso la harán intervenir. En el mismo concepto, agotados los medios que aconsejen el buen juicio, ejerceré siempre que sea estrictamente necesario, la facultad contenida en el artículo 89, fracción VI de la Constitución que dice 'Las facultades y obligaciones del Presidente son: Disponer de la totalidad de la fuerza armada permanente o sea del ejército terrestre, de la marina de guerra y de la fuerza aérea, para *la seguridad interior* y defensa exterior de la Federación'".

Así mismo, en su mensaje, Díaz Ordaz menciona que "no quisiéramos tomar medidas que no deseamos, pero que tomaremos si es necesario; lo que sea nuestro deber, lo haremos; hasta donde estemos obligados a llegar, llegaremos". Finalmente, remata argumentando que "tienen razón los jóvenes cuando no les gusta este imperfecto mundo que vamos a dejarles, pero no tenemos otro y no es sin estudio, sin preparación, sin disciplina, sin ideales y con meros desórdenes y violencia como van a mejorarlo".

Al día siguiente, el CNH afirma que "el presidente sólo ofrece argumentos políticos cuando habla de los presos políticos y de la derogación de los artículos 145 y 145 bis; pero el CNH no puede aceptar como respuesta a su Pliego los puntos con los que el Presidente trata de demostrar que no hay presos políticos, ni las otras propuestas veladas".

La CTM, en un manifiesto "al pueblo de México", afirma que "en su desbordamiento, estudiantes y agitadores mancillaron la Enseña Patria para abatir uno de los más preciados símbolos de nuestra nacionalidad. Trataron de posesionarse del mismo Zócalo, que el pueblo reconoce y siente como el corazón de la Patria". Así mismo, descalifica al movimiento al afirmar que "no existe un problema estudiantil. Se ha eludido el diálogo serio y responsable al que ha estado dispuesta la Autoridad. Priva la mala intención y se excluye todo ánimo de cordura. Se insiste en absurdos planteamientos y se exigen condiciones degradantes que, en apariencia pueriles, buscan evitar que haya materia para el diálogo; el propósito es quebrantar todo principio de autoridad, con las consecuencias para la estabilidad del país".

Legitimando una salida violenta al conflicto, "La CTM en la Asamblea de su Consejo Nacional" resolvió, en su punto IV, que "si no se recapacita en la acción subversiva, expresa su determinación de participar en la acción necesaria, en tono, grado y con las consecuencias requeridas, para dar fin al clima antijurídico en que se quiere sumir al país, y para destruir a los agitadores que crean anarquía y desdoro, desquician valores de la juventud y ponen en peligro la consolidación de la Patria".

Por su parte, el Presídium del Comité Central del Partido Comunista respondió a parte de lo expresado por el Presidente al afirmar que "el Presidente (...) niega que haya presos políticos, cuando es bien sabido que (...) Demetrio Vallejo y Valentín Campa llevan más de 9 años de cárcel acusados del delito político de disolución social".

En CU el 15 de septiembre es realizada una kermés como lo marca la tradición de la celebración del Grito de Independencia. Reconociendo la autoridad moral que tiene sobre ellos, los estudiantes piden al Ing. Heberto Castillo que sea quien dé "el grito" y haga ondear la bandera. Se celebran matrimonios de broma como en todas las kermés y las actas de los que se llevan a cabo en CU aparecen días después y sirven de respaldo a la acusación que se hace contra el CNH al decir que habían pretendido constituirse en autoridades civiles con los derechos que ello les otorgaba, incluso la realización de matrimonios.

El 18 de septiembre CU es tomada por los militares, expulsando a estudiantes, padres de familia, maestros, funcionarios y empleados. Ante las protestas de la comunidad universitaria encabezadas por el rector, varios diputados y la secretaría de Gobernación, responden justificándose por la debilidad de la autoridad de Barros Sierra y el poder que había alcanzado la infiltración comunista en el movimiento estudiantil.

Javier Barros Sierra presenta su renuncia con carácter de irrevocable a la rectoría de la UNAM. Dicha renuncia no es aceptada por la Junta de Gobierno de la UNAM. Este apoyo es refrendado por el PC.

Zacatenco y Santo Tomás son ocupados por las fuerzas castrenses aunque sin detenidos en la acción ya que no se encontraba gente de guardia. Entre las detenciones ocurridas durante la ocupación de CU se encontraba el doctor Elí de Gortari quien se niega a declarar exigiendo el cumplimiento de la Constitución en el artículo 20/III, en el que otorga este derecho a los acusados si no se les da a conocer el nombre de sus acusadores y el texto de la acusación.

La Junta de Gobierno de la UNAM rechaza enérgicamente la renuncia de Barros Sierra pues considera entre otras cosas que la permanencia del ingeniero otorga la calma que se necesita para la solución del conflicto. Barros Sierra agradece el apoyo pero pide ir más allá al solicitar la participación de profesores, estudiantes, trabajadores y egresados para la reconstitución de la máxima casa de estudios.

El 30 de septiembre el ejército abandona CU. Esta acción es considerada por los estudiantes una respuesta a la presión ejercida por todos los ámbitos de la sociedad que se han identificado con el movimiento y que buscan como ellos una solución razonada y razonable al conflicto.

Octubre

La invasión a la Autonomía Universitaria fue considerada un atentado al último baluarte que había en América de la educación. Una vez más se discute el fondo del dilema universitario: no se tratable solo de un conflicto estudiantil, sino de una discusión sobre una reforma educativa. También se cuestiona el "agachismo" del estado mexicano y la realización de la olimpiada en un país donde podían aprovecharse los recursos destinados a ella para mejorar las condiciones de vida de sus habitantes.

Para el **2 de octubre** se había citado un mitin, a llevarse a cabo desde las 17:00 horas en la Plaza de las Tres Culturas, al centro de la unidad habitacional Tlaltelolco, lugar clase mediero, popular, lleno de familias en pleno crecimiento es decir, compuestas por niños, padres jóvenes y abuelos. Muchos de ellos acudieron al mitin no sólo en apoyo a los estudiantes que había en sus casas, sino porque se habían integrado al movimiento desde su posición pues tomaron conciencia de la brutalidad de que estaba siendo víctima el pueblo mexicano.

Después de señalar con bengalas verdes y rojas el sitio exacto de la reunión, pareciera que el lugar con todos sus concurrentes hubiera sido transportado a un lugar en el planeta en el que ocurriera una auténtica guerra. Balas sobre la población civil, detenidos, carreras locas hacia los edificios para buscar refugio, consiguiéndolo a veces de manera efímera y ganando con ello la agresión no solo para el que había corrido a resguardarse, sino para quienes habían abierto las puertas para ellos.

Periodistas, niños, ancianos, amas de casa, nadie quedó a salvo ni de las balas ni de las detenciones. Ejército, policía, francotiradores y un numeroso grupo que se identificaba con un guante o pañuelo blanco en una mano, que lo mismo golpeaba, que detenía o disparaba: el Batallón Olimpia, perpetraron abierta e impunemente la agresión gestada en el propio gobierno mexicano. El ejecutivo, la secretaría de Gobernación, la milicia, cualquiera que haya sido el autor intelectual de la represión, consiguió su objetivo con creces.

Tlaltelolco en el memorial colectivo. Las piedras de la plaza guardarán para siempre la sangre, las lágrimas, la indignación y a la vez, la integridad y unión del pueblo mexicano, que está más allá de los gobiernos, buenos o malos, de un pretendido olvido.

La luz del día 3 de octubre de 1968 iluminó una ciudad que rebosaba normalidad. Los detenidos en la plaza pensaban que estallaría la revolución, que la desmesura de la represión solo habría de reunir a los habitantes libres en torno al objetivo de su libertad y la explicación de la masacre.

No fue así. Al menos no de la forma que esperaban.

Abel Quezada publica sólo una página negra en el lugar de su cartón habitual. En contraste, la mayoría de los medios de comunicación reducen el conflicto a un pleito entre estudiantes, en el que bandos de los mismos se han agredido unos a otros, y que si el brazo armado del gobierno ha tenido que intervenir, ha sido por salvaguardar la seguridad de quienes no tenían que ver en el asunto. Se reseñan 30 muertos y 87 heridos. El recuerdo de los testigos de la plaza habla de que se levantaban cadáveres con pala y se subían a los camiones de limpia para desaparecerse. Muchas familias recorrieron los posibles sitios donde estarían sus miembros, ya fuera entre heridos, muertos o detenidos sin éxito, es decir, simplemente se esfumaron sin que nadie despejara ese misterio.

Pedro Ramírez Vázquez presidente del comité organizador de la olimpiada, sentenció que la misma se llevaría a cabo tal como estaba programado.

El CNH fue desmembrado. Sus integrantes si no estaban detenidos, heridos, muertos, sólo podían pensar en ocultarse para no caer en ninguna de las categorías anteriores. El PC y el Movimiento Revolucionario del Magisterio son de los pocos en declarar, en pedir una explicación y un saneamiento de las fuerzas que convivían en todo el país. Poco a poco las protestas cunden por el mundo, que lo mismo se manifestaba declarando sobre los hechos que viendo protestas (sobre todo de los estudiantes) transcurrir a las puertas de las embajadas mexicanas de diferentes países.

Juan José Ortega Loera secretario general de la sección 34 del Sindicato de Trabajadores Petroleros se dirige al Presidente a quien llama "máximo poder de México" pidiendo una solución al conflicto. El Sindicato Mexicano de Electricistas denuncia que fueron golpeados tres de sus miembros y cinco más fueron detenidos todo al ser confundidos con estudiantes.

Oriana Falacci corresponsal italiana expresa que ni en zona de guerra ha visto que se trate con tan poco actitud humanitaria a los heridos, cosa que tiene conocimiento de causa pues ella misma ha resultado herida en la Plaza de las Tres Culturas.

Los diputados mexicanos dan muestra una vez más de su poca identificación con el pueblo y el nulo respeto que sienten para quienes dicen representar al declarar que el Presidente ha dado respuesta a las inquietudes estudiantiles y que el Consejo Universitario se ha dado por satisfecho con ellas.

El PRI y el PARM avalan las actitudes de su jefe el Presidente. Por el contrario el PAN habla de respetar las diferencias y pide que se haga del conocimiento público el motivo de la represión, qué lo justifica. El PPS pide que si el PRI tiene el conocimiento de la identidad de quiénes han intervenido en el conflicto teniendo intereses ajenos a los de los jóvenes, lo revelen.

Para el 5 de octubre Tlaltelolco sigue ocupado por los militares. Lo que ha podido reorganizarse del CNH puntualiza al Comité Olímpico Internacional que nunca ha sido intención del movimiento boicotear los Juegos Olímpicos. Los presos políticos articulan las primeras formas de presión para que se actúe en su favor con huelgas de hambre y declaraciones lo que por fin los dota de nombre y existencia individual. Entre los jóvenes ocurre a la par lo que podría llamarse la primera traición: Sócrates Amado Campos Lemus declara que apoyaban el movimiento Carlos A. Madrazo, Humberto Romero, Elena Garro, Víctor L. Urquidi y Angel Veraza.

Interviene el General Lázaro Cárdenas utilizando su autoridad moral para llamar a armonizar las relaciones entre el pueblo y su gobierno. Los señalados por Campos Lemus niegan la participación en la organización estudiantil y Elena Garro se autoexilia en París. Áyax Segura Garrido, otro estudiante cita nombres y datos precisos para localizar a miembros del CNH, asimismo ahora se sabe que había informado a Gobernación de las actividades del Movimiento. Fidel Velázquez para no defraudar su imagen de líder charro y oficialista emite una declaración que lo pinta enteramente: el movimiento estudiantil es "atentatorio a la mexicanidad, lesivo a la nación, perjudicial a la patria".

Al paso de los días ocurren las liberaciones de diferentes estudiantes sin que sean soltados quienes han sido identificados como cabecillas del CNH. Son consignados 133 detenidos por acusaciones como: incitación a la rebelión, asociación delictuosa, sedición, robo, daño en propiedad ajena, ataques a las vías de comunicación e incluso homicidio y homicidio tumultuario. Ninguno de los detenidos en Tlaltelolco portaba armas.

La UNAM suspenderá labores del 12 al 27 de octubre con motivo de las olimpiadas. Sólo podrán ingresar a las instalaciones deportivas de CU los atletas, funcionarios, empleados y periodistas autorizados por el Comité Olímpico.

*El **12 de octubre** se inauguran los XIX Juegos Olímpicos. Destaca el papel central que le es permitido tomar a los militares pues es una exhibición más del clima castrense que priva en todo el* *territorio. Ese mismo día son declarados formalmente presos 15 de los 133 consignados. Ninguno alcanza fianza o libertad bajo caución. El lema mexicano "ofrecemos y deseamos amistad con todos los pueblos" resulta irónico hasta la farsa.*

58 de los detenidos el **2 de octubre** hacen precisiones sobre ese día: participaron en un mitin pacífico e identificaron a civiles que portaban un guante blanco en una mano y que ahora saben se constituyeron como el "Batallón Olimpia", quienes agredieron sin miramiento alguno a los civiles que se hallaban en la plaza. Sus detenciones ocurrieron sin ninguna resistencia de su parte y sin que ninguno de ellos disparara un arma. Fueron golpeados, torturados e interrogados con lujo de prepotencia y agresividad. Nunca, ninguno de ellos recibió instrucciones del CNH para usar la violencia, por el contrario siempre se expresaron de formas pacíficas y legales.

Octavio Paz era embajador de México en la India y renuncia al cargo en protesta por la actitud del gobierno de este país. En contraste, sin ninguna dignidad, la Confederación de Trabajadores Mexicanos (CTM) en voz de Fidel Velázquez aprueba una vez más la actitud del presidente Díaz Ordaz y le reitera su lealtad. La Central Campesina Independiente (CCI) acusa de dolo al mismo personaje.

Fernando Benítez publica en la revista Siempre! "Los días de la ignominia", que reseña los días transcurridos desde el **2 de octubre**. Su voz reclama no haber encontrado una solución pacífica al conflicto y por el contrario, haber sumido al país en una dolorosa pesadilla.

Agustín Yánez, secretario de Educación llama una vez más a la normalidad y a que sean concluidos los exámenes pendientes a más tardar el 16 de noviembre. Al ser cuestionado sobre lo que pasaría de no ser atendido este llamado, responde que no quiere crear ese escenario y si llegara a ocurrir tendría que tomar las medidas de acuerdo a las circunstancias.

El 22 de octubre Felipe Muñoz (a) "el Tibio" gana medalla de oro en nado de pecho. Llama la atención el énfasis que ponen en felicitarlo el presidente Díaz Ordaz y Agustín Yánez. Otro que exalta este logro es Alfonso Martínez Domínguez, a la sazón presidente del PRI quien además le comunica que el partido le otorga una beca cuya duración será hasta que obtenga su título profesional. El contraste que las autoridades pretenden hacer entre él y los jóvenes del movimiento estudiantil universitario es bastante obvio.

El gobierno ha olvidado los seis puntos del pliego petitorio y da la imagen de buscar una solución al conflicto desde hace mucho tiempo, apostándole a la desmemoria del pueblo. Se ha ofrecido revisar cada caso de los encarcelados e irlos liberando paulatinamente si no hay motivos para que sigan detenidos. Esto se cumple a medias, pues quienes fueron identificados como líderes ni siquiera son sujetos de revisión.

El 27 de octubre se apaga la llama olímpica. La llamada Olimpiada Cultural que pretendió ser una innovación mexicana concluye también con más pena que gloria, pues ningún acto llevado a cabo en ella se destaca y los intelectuales invitados habían estado ausentándose de ella como una forma de solidaridad con los estudiantes. La Unión Internacional de Estudiantes (UIE) emite a la vez un comunicado en el que se solidariza con el movimiento estudiantil mexicano y su "justa lucha por la reforma y la democratización de la enseñanza y por la democracia".

El CNH continúa solicitando diálogo público al gobierno dentro del marco de cumplimiento de: la libertad de todos los presos políticos, el cese inmediato y total de la represión, desocupación de los centros educativos que estuvieran todavía en manos de las fuerzas armadas. Es asombroso que mientras los estudiantes hablaban de democracia, de detonarla a partir de la educación, el gobierno mexicano siga ejerciendo una autoridad absoluta y obcecada y negándole al pueblo la mayoría de edad que indudablemente ya tiene. La academia vence al ejercicio de la política en los ámbitos que se suponen "profesionales" de ella.

El director del IPN solicita a De la Vega y Caso Lombardo que sea desocupado el Instituto por los militares, acción que se lleva a cabo hasta el 29 de octubre, después de 35 días de ocupación. El CNH continúa muy activo, buscando la libertad de todos los compañeros encarcelados y el cumplimiento del pliego petitorio original, el mismo tan llevado y traído de tan solo seis puntos.

Noviembre

Noviembre es el mes donde se comienzan a hacer llamados para regresar a clases, tanto en la UNAM como en IPN.

El 1º y 2 de noviembre, se celebran ceremonias luctuosas y se depositan ofrendas en la Plaza de las Tres Culturas. El 3 de noviembre, a través de los medios de comunicación el Secretario de Educación Pública, Agustín Yáñez, afirma que "México repudia toda siniestra eventualidad" y llama a los estudiantes que tienen exámenes pendientes a que los presenten. Así mismo, el director de la Escuela Nacional de Agricultura de Chapingo anunció que se reiniciarán clases el 2 de diciembre.

Al día siguiente, el CNH, en 29 asambleas, determina continuar con el paro mientras no sé de solución a los seis puntos del Pliego Petitorio. Por su parte, la Unión Nacional de Mujeres Mexicanas (UNMM) compareció en la Cámara de Diputados para demandar la derogación de los artículos 145 y 145 bis del Código Penal Federal.

El 5 de noviembre, se publica el manifiesto *Libertad para todos los presos políticos*, firmado por más de 80 intelectuales y artistas. Tres días después, 8 de noviembre, el Presidente del PRI, Alfonso Martínez Domínguez, habla de la necesidad de "una reglamentación para consolidar la autonomía", en la cual propone que "se señale derechos y obligaciones a alumnos y maestros, para hacerla sólida y vigorosa", palabras interpretadas por el CNH como "una nueva amenaza que se cierne sobre la UNAM, como el anuncio de nuevas formas de intervención del Estado". Así mismo, varios maestros proponen hacer plebiscitos para conocer, en efecto, si la mayoría del alumnado desea regresar a clases o continuar la huelga.

Un día después, en una sesión de 10 horas y media, el CNH informaría que no se ha tomado ningún acuerdo con respecto al regreso a clases. Al día siguiente, se informa que el punto se volverá a discutir en la asamblea del día 13.

El 11 de noviembre, representantes de alumnos y maestros de la UNAM visitaron hoy al rector Javier Barros Sierra "para efectuar un intercambio de datos sobre la situación del movimiento".

En dicha reunión se expresa la conveniencia que el Consejo llame a regresar a clases, pero se hace hincapié en que el conflicto no puede quedar resuelto sin la solución de los seis puntos del Pliego Petitorio.

En otro sentido, el 12 de noviembre, las dos procuradurías se han desistido de la acción penal contra 35 procesados, por lo que se especula que podrían salir bajo fianza.

Al día siguiente, el 13 de noviembre, el diario parisino *Le Monde* publica una entrevista hecha en Nueva Delhi a Octavio Paz, quien declara que "para que la democracia exista en México son necesarias reformas que exigen la desaparición del PRI y del poder personal conferido a cada presidente durante seis años". Al referirse sobre la masacre del 2 de octubre, paz afirma que "fue un acto de terrorismo puro y simple del Estado, pues se trataba de una reunión pacífica de estudiantes; los sindicatos no estaban en huelga y ningún partido de oposición amenazaba al Gobierno".

Por su parte, el CNH dio conocer si resolución de continuar el paro mientras no se cumplan las condiciones previas al diálogo público. Mientras tanto, el director del IPN, Guillermo Massieu demandó al estudiantado que "asuma (...) de inmediato su responsabilidad (...) para restaurar las actividades". Por su parte, Luís Echeverría reitero que la autonomía no ha sido violada. "El autogobierno, la libertad de cátedra, es decir, la autonomía han sido una realidad permanente", dijo.

José Revueltas, en el auditorio Che Guevara de CU, afirma el 15 de noviembre que "el movimiento estudiantil es muestra de autogestión universitaria por las características de crítica social que reviste". En respuesta a cuestionamientos de la prensa, Revueltas opinó que es posible la solución de los seis puntos del Pliego Petitorio sin huelga, pues "existen otros medios de presión".

El mismo día, más de mil charros de la CTM, escuchan un largo discurso de Fidel Velázquez contra el movimiento. "La CTM hasta ahora no ha recurrido a la violencia para contrarrestar el movimiento llamado estudiantil (…), pero si nos vemos agredidos por los estudiantes, si tratan de (…) usar para esto la violencia, deseamos advertir a los trabajadores que debemos estar dispuestos a (…) contestar con violencia a la violencia en contra de la organización".

Al siguiente día, el CNH declara que "jamás se recurrirá a la violencia; la actuación del cacique cetemista es parte de la represión contra quienes luchan por la democracia". Así mismo, se discute la necesidad de reestructurar el CNH. Casi al mismo tiempo, es detenido José Revueltas en su casa de Narvarte.

El 17 de noviembre, la Comisión Especial del Consejo Universitario, creada con 21 consejeros el 15 de agosto, publica su declaración donde convocan "a todos los universitarios para que asuman su responsabilidad, para que no pongan en peligro la existencia de la institución, para que encuentren la forma de ejercer sus legítimos derechos ciudadanos sin que ello sea incompatible con la vida de la Universidad y con el cumplimiento de sus funciones", y exhorta a "deponer la violencia (...) y reforzar las vías para una solución democrática, justa y pronta del conflicto".

Lázaro Cárdenas del Río declara el 18 de noviembre que "el movimiento estudiantil es sólo un episodio por el que pasa nuestra patria y no puede frenar el desarrollo político y social de México; al contrario, lo estimula". Así mismo, Cárdenas piensa que el conflicto se solucionará pronto "si hay comprensión de ambas partes, como estamos seguros que la habrá".

El mismo día, un Comité Pro Unificación Universitaria promueve en Ingeniería un referéndum ante un notario público previa cita telegráfica a los estudiantes de la Facultad. La asamblea resuelve finalmente anular la votación, con la fe del notario. Paralelamente, el Partido Comunista considera que "la unidad puede mantenerse y desarrollarse si se defiende el carácter democrático y la amplitud del movimiento estudiantil. El conflicto actual puede ser resuelto si el Gobierno hace a un lado la intransigencia".

Por su parte, Heberto Castillo dice que el documento del Consejo "es un sereno y certero análisis de los peligros que se ciernen sobre la Universidad y un llamado a conjurarlos". Menciona que "la forma actual de luchar (...) no es proseguir la huelga indefinidamente porque se pone en peligro la vida de la UNAM y se determina la muerte del movimiento y las perspectivas de lucha democrática auspiciada por los estudiantes". Finaliza que "debe aprovecharse el diálogo con las autoridades. Debe incluso buscarse el retorno a las actividades académicas".

El 19 de noviembre el Comité de Lucha de la Escuela Normal Oral anuncia al CNH, a los estudiantes y al pueblo: "La población estudiantil de ésta escuela ha decidido el retorno a las actividades académicas a partir del sábado 23". Aclaran que "en ningún momento y por ningún motivo dejaremos de luchar a favor del movimiento estudiantil; reiteramos nuestro reconocimiento absoluto y nuestro respeto al CNH". Por otra parte, el Comité Pro Unificación universitaria y estudiantes de derecho afirman que muchos se inclinan por regresar a clases y consideran al referéndum la manera más democrática de que los universitarios emitan su opinión.

Para el 21 de noviembre, el CNH votó por unanimidad el regreso a clases. Tal decisión se someterá a las asambleas de las escuelas en huelga para que "las bases resuelvan". Así mismo, el rector de la UNAM convoca a "todos los maestros de la UNAM a presentarse el próximo lunes 25 dentro de sus horarios normales para impartir a los alumnos que concurran y para laborar en otras tareas académicas". Menciona también que "quienes hasta ahora persistieron en sostener la huelga como un instrumento de lucha, que (…) ha perdido toda eficacia para sus fines, no se opondrán, menos aún con violencia, al retorno a la normalidad".

Al día siguiente, en discusiones acaloradas, las asambleas estudiantiles comienzan la discusión de la propuesta hecha por el CNH para regresar a clases. Por su parte, el PRI y los otros tres partidos "que éste ha dejado entrar a la Cámara" (PAN, PPS y PARM) expresaron su beneplácito por el inminente retorno a clases.

El 23 de noviembre, voceros del CNH informaron que los representantes personales del presidente Díaz Ordaz, Jorge de la Vega y Andrés Caso, han insinuado que el gobierno está dispuesto a clausurar la UNAM, el IPN y la Normal, y que esa grave amenaza llevó a proponer el regreso a clases.

La decisión del CNH de proponer a las asambleas el levantamiento de la huelga "es una medida acertada y oportuna", declara el Presídium del Comité Central del PCM, que considera que "ésta orientación expresa el espíritu de responsabilidad con el que el CNH ha dirigido la lucha estudiantil".

El 29 de noviembre, a las 10:50 hrs., la Presidencia de la República recibió la carta que el CNH dirige a Gustavo Díaz Ordaz, en la cual demandan "una definición concreta respecto a las tres condiciones cuya satisfacción hemos sostenido como previa al diálogo público". El CNH sesionó de las 15 a las 21 horas, y resolvió "declarar el levantamiento del paro en el transcurso de la próxima semana".

En la asamblea celebrada al día siguiente en Zacatenco, no se fijó fecha para el levantamiento de la huelga. Las asambleas de cada escuela establecerán que día de la siguiente semana reanudarán sus clases. Se agregó que el próximo martes se emitirá el Manifiesto a la Nación mencionado en la carta a Díaz Ordaz, en el que se señalará cómo "deberá continuar la lucha democrática popular". Así mismo, se informa que "posiblemente ese documento será el último que emita el CNH, ya que será disuelto".

Diciembre

En diciembre se da la disolución formal del CNH y, por tanto, el final del movimiento estudiantil.

Cinco mil personas realizaron en la tarde del 4 de diciembre un mitin en la Unidad Profesional de Zacatenco. Ahí, el CNH anunció su resolución de levantar la huelga de unos 200 mil estudiantes, que duró más de 130 días en la UNAM, el IPN, Chapingo, las Normales, Antropología e Historia y otras instituciones de enseñanza superior de todo el país, incluyendo no pocas privadas. Así mismo, es leído el *Manifiesto 2 de octubre* (Anexo I) que, a nombre del CNH, firman Roberto Escudero y Gerardo Estrada, publicado el 5 de diciembre por el CNH.

El 6 de diciembre, se disuelve oficial y formalmente el CNH por la mayoría de sus integrantes, delegados de los estudiantes de todas las instituciones que estuvieron en huelga, en su última sesión celebrada en la Escuela Superior de Ingeniería Mecánica y Eléctrica del IPN.

Epílogo: Manifiesto 2 de Octubre

Durante los últimos meses de 1968, el país se ha visto sacudido por la protesta de miles de estudiantes que a través de la demanda de solución de un pliego petitorio que consta de seis puntos, cuestionan ante el mundo la imagen que de México la clase dominante ha pretendido crear y cuyos rasgos esenciales son la paz, la estabilidad y la riqueza.

El movimiento estudiantil de julio ha surgido como resultado de viejos problemas planteados a un régimen que los ignora, los niega o que pretendiendo resolverlos, en realidad sólo consigue agravarlos y ha evidenciado ante el mundo la situación de miseria y falta de libertades políticas en las que viven la mayoría de los mexicanos.

Efectivamente, este movimiento es expresión de las profundas desigualdades en la distribución del ingreso, consecuencia de la concentración en unas pocas manos de la riqueza generada por el pueblo, de la cada día más creciente dependencia de la economía mexicana al imperialismo norteamericano, revelado en el crecimiento vertiginoso de las inversiones extranjeras; de una política de desarrollo que favorece esencialmente al capital privado, propiciando vastos desequilibrios regionales, beneficiando exclusivamente los intereses de una clase por medio de un sistema impositivo que ampara a los grandes capitales y que va en detrimento de quien solo posee su salario como fuente de vida; de la irresponsabilidad de un gobierno que elude actuar en beneficio de las grandes mayorías de campesinos y obreros quienes aún no encuentran satisfechas sus necesidades vitales de alimentación, vestido y vivienda.

En resumen, las decisiones políticas y económicas del gobierno mexicano representan los intereses de una clase, propician y amparan la explotación de los demás y crean un marco de irracionalidad en el que los problemas socioeconómicos del pueblo hallan solo una relativa solución.

Así, los jóvenes campesinos, obreros y estudiantes no tienen acceso a perspectivas dignas de vida, pues las fuentes de trabajo se crean en beneficio de intereses particulares y no de la colectividad, dándose entonces, por ejemplo, la paradoja de una sociedad que crea técnicos y profesionales a quienes no ofrece empleo y que además no crea aquellos técnicos que necesita y los trae del extranjero. Así los jóvenes viven escuchando las halagadoras palabras de quienes les ofrecen futuro del país, pero les niegan sistemáticamente toda oportunidad de ser un presente actuante y partícipe de las decisiones provocando en ellos la necesidad de transformar esta sociedad.

El carácter antidemocrático de las estructuras políticas del país que se manifiesta en su incapacidad para resolver auténticas demandas populares es resultado de prácticas políticas obsoletas y que no solucionan los problemas de la sociedad mexicana actual. La democracia en México es un mero concepto, una forma más, pues la política se hace al margen de las mayorías populares, de sus aspiraciones, intereses y exigencias, las determinaciones son tomadas por un restringido núcleo de personas que obstaculizando la participación política del pueblo, lo niegan como instancia última de decisión.

La sistemática represión a todo intento de organización política independiente, el sistemático encarcelamiento o asesinato de los líderes más honestos, la construcción de marcos jurídicos que impiden por decreto toda participación organizada, y la falta de información nacional veraz, han impedido y frenado el surgimiento y desarrollo de organizaciones obreras, campesinas, estudiantiles y en general ciudadanas, que puedan participar libre, responsable y combativamente en contra de las medidas de opresión del gobierno. Así Demetrio Vallejo y Rubén Jaramillo que no aceptaron el sometimiento a las disposiciones gubernamentales fueron asesinados. Considerando también como asesinato el encarcelamiento injusto de un líder justo.

También es parte de este marco de la política nacional la manipulación a través de la corrupción de la opinión pública, el fraude electoral, y consecuentemente la apatía, el desinterés y el marginalismo en la participación política. La ausencia de actitudes críticas, uno de los más altos valores que definen a la ciudadanía y elemento esencial del desarrollo de cualquier sociedad que tenga pretensiones democráticas. El movimiento estudiantil se ha expresado en la demanda de puntos concretos: el pliego petitorio y el diálogo público, a través de ellos se encierra una crítica profunda a las bases en que se sustenta el sistema político, económico y social en que vivimos. Al responder a las arbitrariedades de los funcionarios públicos y logrando que estas no queden sin respuesta ha expresado la necesidad de que el monólogo oficial sea sustituido por un diálogo en el que participe la nación entera.

En adelante el gobierno deberá esperar una respuesta del pueblo a los actos de arbitrariedad de quienes abusan de sus atribuciones utilizando al ejército y la policía para atropellar los legítimos derechos del pueblo. El movimiento ha sido resultado espontáneo de la indignación de prácticamente todos los integrantes de las instituciones de educación superior del Distrito Federal y otros lugares del país; de la indignación sentida por amplios sectores del pueblo de México ante la arbitrariedad y brutalidad policíacas al agredir a grupos estudiantiles que hacían uso de un derecho consagrado en la Constitución al manifestarse públicamente en protesta a anteriores agresiones ordenadas por funcionarios irresponsables. Ello debe considerarse como la expresión del descontento y la protesta latente del pueblo frente a la injusticia. Descontento que se ha canalizado en los últimos meses a través del movimiento estudiantil. El CNH, máxima expresión organizativa del movimiento no ha asumido una posición ideológica homogénea porque ha acogido en su seno a todas aquellas corrientes que luchan por el avance democrático del país, por la vigencia de la Constitución y por una sociedad en la que todos nuestros compatriotas encuentren oportunidad para expresarse y desarrollarse cabalmente como hombres y ciudadanos.

Es esta última demanda implícita del movimiento, en lo que coincide con los movimientos estudiantiles de otros países que exigen para el presente y el futuro, sociedades en que la expresión cabal del hombre sea una realidad. De aquí que nuestro movimiento haya recibido el apoyo de todos los estudiantes y ciudadanos conscientes del mundo.

El CNH ha demandado la democratización de las prácticas políticas y lo ha hecho dando ejemplo de democracia, ya que todos los centros educativos participantes han tenido permanente e irrestrictamente voz y voto en las decisiones tomadas, los órganos soberanos de nuestro movimiento han sido las asambleas de estudiantes y del pleno del CNH, representante auténtico de dichas asambleas. En ellas no se le ha negado la voz a nadie a pesar de lo que han pretendido órganos de información interesados en desvirtuar al movimiento. Hemos demandado la democracia porque la hemos practicado irrestrictamente.

Si hemos exigido un diálogo público, no ha sido buscando la forma de eludir la solución del conflicto, sino porque consideramos y es una cuestión de principio en el movimiento que los asuntos que afectan al pueblo deben ventilarse abiertamente.

Hemos demandado la libertad de los presos políticos porque estamos convencidos de que los disidentes de los criterios oficiales y los opositores al régimen no son delincuentes. La existencia de presos políticos es una de las mayores lacras del sistema y es característica de los regímenes autoritarios en todas partes y en todas épocas. Son presos políticos: Vallejo, Campa. Y son presos políticos nuestros compañeros aprehendidos a partir del inicio de este movimiento, pues su único delito consistió en haber marchado juntos con todos nosotros, los estudiantes y el pueblo de México en las manifestaciones públicas que recorrieron las calles de la ciudad; el haber utilizado las tribunas creadas por el movimiento para expresar su disidencia con el gobierno, y en el fin en haber hecho uso del legítimo derecho de expresión para protestar contra los abusos gubernamentales.

Pese a las dificultades a que hemos debido enfrentarnos, pese a la intransigencia y la intolerancia del gobierno expresada el **2 de octubre** en la Plaza de las Tres Culturas en Tlaltelolco, pese a todo ello el movimiento ha arrancado al estado algunas demandas y ha abierto nuevas perspectivas en la vida política del país, marcando nuevas etapas en su desarrollo.

Las demandas arrancadas son: la discusión pública del artículo 145 del Código Penal, antigua demanda de los sectores democráticos del país y que sólo hasta ahora adquiere las dimensiones de un debate nacional, y no nos referimos a la farsa montada en la Cámara de Diputados, sino al cuestionamiento que se ha hecho del aparato jurídico a raíz de la discusión sobre el citado artículo.

El reconocimiento que el poder ejecutivo tuvo que hacer del descontento general y legítimo se deja ver en el momento en que se nombran representantes presidenciales ante el CNH, hacemos público que a pesar de haber reconocido la fuerza de la representatividad del CNH, el gobierno sólo ofreció soluciones limitadas. La desocupación de la mayor parte de los locales educativos, los compañeros liberados la defensa de la Universidad expresada a través del apoyo del CNH al rector de la misma, sobre quien pretendían gentes interesadas en terminar con la institución, arrojar la responsabilidad de nuestro movimiento, son algunos de los resultados de nuestra permanencia activa y militante y no graciosas concesiones del gobierno.

Existen, además, otra serie de logros que aunque menos concretos son más importantes para la vida política de México. El movimiento ha abierto en el país una etapa de discusión, de crítica y de reflexión política revelando a las lacras del sistema, promoviendo así que amplios sectores del pueblo, indiferentes muchas veces ante los graves problemas que afectan nuestra comunidad, tomaran conciencia de esos problemas y estuvieran dispuestos a luchar por la solución de ellos.

Ha demostrado que en México es posible movilizar a grandes sectores del pueblo, al margen de los controles oficiales, en manifestaciones y mítines en los que la participación fue resultado de la convicción y no de presiones o recompensas.

Uno de los logros fundamentales del movimiento es el haber acercado a través de las "brigadas políticas" a los estudiantes, con el pueblo de México y sus problemas. En las colonias proletarias, en las fábricas, en Topilejo, los estudiantes conocieron de una manera concreta a ese pueblo que la retórica oficial ha convertido en mera abstracción, en la que sus problemas quedan ocultos con un alud de palabras.

Por otra parte, en las brigadas los estudiantes han demostrado su capacidad organizativa y de militancia política, han demostrado en Topilejo que su participación en la resolución de los problemas del país puede ir más allá de pintar fachadas los domingos y de participar en carreras de bicicletas, como pretende el criterio oficial. Estos triunfos parciales han costado muchas vidas y sacrificios y no han satisfecho de ninguna manera las demandas que formulamos desde el principio, dada la intransigencia de los poderes públicos y su definitiva incapacidad para reconocer las demandas del pueblo expresadas en el movimiento estudiantil.

Se ha acusado a los estudiantes de intransigentes, pero en las distintas fases del movimiento se ha demostrado disposición para solucionar el conflicto y así fue que de la exigencia de la resolución de los seis puntos, como condición para el retorno a clases, pasamos al cumplimiento sólo de tres prerrequisitos y al no obtener una respuesta del gobierno y ante el peligro real que amenaza la subsistencia de las estructuras democráticas de nuestras instituciones de educación superior, peligro más grave que el de la represión en contra de las personas, puesto que la pérdida de la democracia en nuestras instituciones significaría la imposibilidad de continuar el presente movimiento, y de promover como Universidad y Politécnico verdaderamente abiertos al pueblo movimientos semejantes en otros sectores de la población, decidimos el retorno a las aulas.

Las perspectivas que se ofrecen al movimiento consisten en organizar a niveles cada vez más elevados la protesta y la oposición a un régimen cada vez más in capaz para satisfacer las justas reivindicaciones populares. Esta organización en adelante deberá contar para ser eficaz no sólo con los estudiantes sino y sobre todo con los sectores productivos de nuestra sociedad, los que con su trabajo dominan y transforman a la naturaleza así en la ciudad como en el campo.

Los estudiantes nos aliaremos de manera definitiva con estos sectores objetivamente destinados a promover los cambios verdaderamente revolucionarios que nuestra patria requiere. La organización estudiantil debe concluir necesariamente en la organización popular que oponiéndose a las trabas que frenan el desarrollo histórico de México conviertan en realidad el lema de nuestro movimiento: libertades democráticas.

El gobierno mexicano debe tomar muy en cuenta que ante la obstrucción sistemática y reiterada que de los canales democráticos realiza, no puede pedir actitudes eternamente pasivas y sumisas y que las vías que siga el pueblo de México para el logro de una auténtica democracia estarán esencialmente determinadas por la posición que se asuma frente a las exigencias de reivindicaciones populares que se aproxima. Sin embargo, cualquiera que sea la vía todo mexicano luchador por la democracia actuará con la responsabilidad que la historia le confiera.

VENCEREMOS.

Referencias de información

Álvarez Garín, Raúl y Gilberto Guevara Niebla. <u>Pensar el 68</u>. México: Cal y Arena, 1998. 273 pp.

Cazés, Daniel. <u>Crónica 1968</u>. México: Plaza y Valdés, S.A. de C.V., 1993. 391 pp.

González de Alba, Luis. <u>Los días y los años</u>. México: Secretaría de Educación Pública, 1986. 207 pp.

<u>La Jornada</u>. DEMOS, Desarrollo de Medios S.A. de C.V. Año 18, (Número 6213), 15 de diciembre de 2001. pp. 8, 9.

<u>Proceso</u>. Comunicación e Información, S.A. Año 17 (Número 934), 1994. p. 10.

Proceso Edición Especial. CISA Proceso Comunicación e Información, S.A. de C.V. Edición Especial, 1 de octubre de 1998. pp. 8, 9, 10, 13, 15, 25, 27, 33, 37, 39, 43, 45, 53, 60.

Proceso. Comunicación e Información, S.A. Año 22 (Número 1196), 1999. p. 40, 50.

Proceso Edición Especial. CISA Comunicación e Información, S.A. de C.V. Año 26 (Edición Especial número 11), Octubre de 2002. pp. 3, 5, 12, 17, 18, 20, 30, 33, 40, 43, 44, 46,52, 58, I.

Todas las fotografías fueron utilizadas en Crestomatía, y son propiedad de PROCESO.

SOBRE ESTA OBRA

Crónica del 68 mexicano se terminó de escribir en Marzo de 2006, en xhglc, Pachuca de Soto, Hidalgo, México.

XHGLC Publicaciones Editoriales le estará agradecida si le da usted su opinión acerca de la obra que le ofrecemos, así como de su presentación e impresión. Le agradeceremos también cualquier otra sugerencia.

libros@xhglc.org.mx

www.ingramcontent.com/pod-product-compliance
Lightning Source LLC
Chambersburg PA
CBHW062017280526
45787CB00005B/2133